www.ingramcontent.com/pod-product-compliance
Lightning Source LLC
LaVergne TN
LVHW010420070526
838199LV00064B/5359
9789358729597

.

اردو نعتیہ شاعری میں موضوع روایات

محمد شہزاد مجددی

© Mohd Shahzad Mujaddidi

Urdu Naatia Shaairi mein Mauzuu Rivaayaat

by: Mohd Shahzad Mujaddidi

Edition: May '2024

Publisher :

Taemeer Publications LLC (Michigan, USA / Hyderabad, India)

ISBN 978-93-5872-959-7

9 789358 729597

مصنف یا ناشر کی پیشگی اجازت کے بغیر اس کتاب کا کوئی بھی حصہ کسی بھی شکل میں بشمول ویب سائٹ پر اَپ لوڈنگ کے لیے استعمال نہ کیا جائے۔ نیز اس کتاب پر کسی بھی قسم کے تنازع کو نمٹانے کا اختیار صرف حیدرآباد (تلنگانہ) کی عدلیہ کو ہوگا۔

© محمد شہزاد مجددی

کتاب	:	**اردو نعتیہ شاعری میں موضوع روایات**
مصنف	:	**محمد شہزاد مجددی**
صنف	:	غیر افسانوی نثر
ناشر	:	تعمیر پبلی کیشنز (حیدرآباد، انڈیا)
سالِ اشاعت	:	۲۰۲۴ء
صفحات	:	۳۸
سرورق ڈیزائن	:	تعمیر ویب ڈیزائن

حصہ اول

ہمارے نعت گو شعرائے کرام نے سیرت و شمائل پر مبنی مضامین کو بھی اپنے اشعار کی زینت بنایا ہے اور بعض خوش نصیبوں نے تو میلاد ناموں، معراج ناموں اور سیرتِ طیبہ کو بھی نظم کی صورت میں لکھنے کا اہتمام کیا ہے، یہ اَمر جہاں بعض حوالوں سے لائقِ ستائش ہے، وہاں ایک جہت سے باعثِ تشویش بھی ہے کہ ایسے نعت گو اور مدح گستر حضرات جو بذاتِ خود ایسی علمی استعداد کے حامل نہیں تھے کہ احادیث کی روایت و درایت کے اُصول پر جانچ سکیں اور مرویات کے صحیح و سقیم کا اندازہ لگا سکیں۔ بلا تردّد ہر قسم کے مضامین کو منظوم کرتے رہے اور ذخیرۂ نعت میں غیر ثقہ اور وضعی حکایات و واقعات کا انبار جمع ہوتا رہا۔ شاید اس کا ایک بنیادی سبب یہ بھی ہو کہ اکثر نعت گو شعرا کا ماخذ صدری روایات اور فضائل پر مبنی ایسے مواعظ تھے جنھیں اس زمانے میں حرفِ آخر کا درجہ حاصل تھا۔ اُس دور میں کتبِ حدیث اور اوّلین ماخذ تک رسائی تو ہندستان کے اکابر علما اور محققین کے لیے بھی جوئے شیر لانے کے مترادف تھی۔ چناں چہ اس پس منظر میں موضوع اور جعلی روایات وحکایات کا نعتیہ شاعری میں دَر آنا بعید از امکان نہ تھا۔

اردو نعتیہ شاعری میں بہ کثرت پائے جانے والے ایسے مضامین میں سے ایک معروف مضمون واقعۂ معراج میں حضور اقدس ﷺ کے نعلین سمیت عرشِ معلیٰ

پر تشریف لے جانے سے متعلق ہے۔اس کا مفہوم کچھ یوں ہے کہ جب سرکارِ دوعالم ﷺ نے عرشِ الٰہی کی طرف عروج فرمایا تو اللہ تعالیٰ کے اس فرمان کے پیشِ نظر جو موسیٰ علیہ السلام سے کہا گیا تھا:

اے موسیٰ اپنے جوتے اُتار دو کیوں کہ تم وادیٔ طویٰ میں ہو* ۱

آپ نے بھی نعلین اُتارنے کا ارادہ فرمایا لیکن ارشاد ہوا:

یا محمد !لا تخلع نعلیک لتشرف السماء بھما۔

ترجمہ: اے محمد ﷺ! تم اپنے نعلین نہ اُتارو تاکہ آسمان اِن سے شرف حاصل کرے۔

علامہ عبدالحیٔ لکھنوی رحمۃ اللہ علیہ نے اس روایت کو ان الفاظ سے نقل کیا ہے:

یا محمد لا تخلع نعلیک فان العرش یتشرف بقدومک متنعلا و یفتخر علی غیرہ متبرکا فصعد النبی ﷺ الی العرش وفی قدمیہ نعلان و حصل لہ لذلک عز وشان۔* ۲

ترجمہ: اے محمد ﷺ! اپنے نعلین مت اُتارو بے شک عرش تمھارے قدموں کے جوتوں سمیت آنے سے مشرف ہو گا اور اس سے برکت حاصل کر کے اپنے غیر پر فخر کرے گا، پس آپ عرش پر چڑھ گئے (اس حال میں) کہ آپ کے پاؤں میں نعلین تھے اور اس وجہ سے آپ کو شان و عظمت حاصل ہوئی۔

علامہ لکھنوی رحمۃ اللہ علیہ فرماتے ہیں:

اس قصے کا تذکرہ اکثر نعت گو شعرا نے کیا ہے اور اسے اپنے تالیفات میں درج کیا ہے اور ہمارے زمانے کے اکثر واعظین اسے طوالت و اختصار کے ساتھ اپنی

مجالسِ وعظ میں بیان کرتے ہیں۔ جب کہ شیخ احمد المقری نے اپنی کتاب ''فتح المتعال فی مدح النعال'' میں علامہ رضی الدین قزوینی اور محمد بن عبد الباقی زرقانی رحمۃ اللہ علیہ نے ''شرح مواہب اللدنیہ'' میں زور دے کر وضاحت کی ہے کہ یہ قصہ مکمل طور پر موضوع ہے۔ اللہ تعالیٰ اس کے گھڑنے والے کو برباد کرے۔ معراج شریف کی کثیر روایات میں کسی ایک روایت سے بھی یہ ثابت نہیں ہے کہ نبی کریم ﷺ اس وقت پاپوش پہنے ہوئے تھے۔ *۳

سرکارِ دو عالم ﷺ کے نعلین شریفین کی فضیلت و عظمت کے حوالے سے لکھی جانے والی ایک اہم اور حوالے کی کتاب ''فتح المتعال فی مدح النعال'' ہے جس کے مؤلف علامہ احمد المقری التلمسانی رحمۃ اللہ علیہ (۱۰۹۲/۱۰۴۱ھ)۔ (اس کتاب کا اردو ترجمہ مفتی محمد خان قادری اور مولانا محمد عباس رضوی کی مشترکہ کاوش کے نتیجے میں شائع ہو چکا ہے۔

امام احمد المقری نے اس کتاب میں بعض عرب شعرا کے ایسے نعتیہ اور مدحیہ قصائد نقل کیے ہیں جن میں عرش پر نعلین سمیت جانے کا تذکرہ بڑے والہانہ انداز سے کیا گیا ہے، مثلاً:

یاناظراً تمثال نعل نبیہ
قبل مثال نعالہ متذللا

اے نبی ﷺ کے نقشِ نعلین کی زیارت کرنے والے! ان کے نقشِ نعل کو عاجزی سے بوسہ دے۔

واذکر بہ قدما علت فی لیلۃ

الاسراءبہ فوق السموات العلی

اور اس بات کو یاد رکھ کہ یہ نعلین حضور ﷺ کے ساتھ معراج کی رات آسمانوں کی بلندی سے اوپر تک گئے تھے۔

شیخ المقری کا تبصرہ

مؤلف ''فتح المتعال'' فرماتے ہیں:

مذکورہ کلام سے معلوم ہوتا ہے کہ حضور ﷺ کو معراج نعلین سمیت ہوا۔ اس کی تصریح شیخ السبتی وغیرہ نے بھی کسی جگہ کی ہے اور یہ اضافہ بھی کیا ہے کہ آپ نے نعلین اُتارنے کا ارادہ کیا تو آواز آئی کہ انھیں نہ اُتارو۔ شیخ ابوالحسن علی بن احمد الخزرجی نے بھی اس کی اتباع کی ہے۔ لیکن تلاش بسیار کے باوجود مجھے کتب حدیث میں اس کی تائید نہیں ملی، تو درست یہی ہے کہ اسے چھوڑ دیا جائے جب کہ یہ آپ تک پایۂ ثبوت کو نہیں پہنچی اور اس طرح کی روایات کو بغیر معلومات کے بیان نہیں کرنا چاہیے۔ بعض حفاظِ حدیث نے اس کا سخت انکار بھی کیا اور ایسی بات کرنے والوں پر طعن کیا ہے۔ اس معاملے میں محدثین کی اتباع متعین ہے۔ کیوں کہ وہ زیادہ آگاہ ہوئے ہیں۔ ٭۴

عجب بات یہ ہے کہ اس کتاب کے مقدمہ اور بعض تقریظات میں اس موضوع اور جعلی روایت کو نقل کر کے اس سے استشہاد کیا گیا ہے اور نعلینِ نبوی ﷺ کی فضیلت اس سے ثابت کرنے کی کوشش کی گئی ہے۔ مثال ملاحظہ ہو:

حضور ﷺ جب عرش پر تشریف لے گئے تو اپنے نعلین کو اُتارنے کا قصد

کیا جس پر ربّ تبارک و تعالیٰ نے فرمایا کہ میرے حبیب ﷺ اپنے نعلین کے ساتھ عرش پر چلے آئیں۔۔۔الخ

آگے پورا قصہ دہرایا گیا ہے۔ ایک عربی شعر لکھا ہے جس کا ترجمہ درج ذیل ہے:

موسیٰ علیہ السلام کو طور کے قریب جوتے اُتارنے کا حکم دیا گیا جب کہ احمد مجتبیٰ ﷺ کو سرِ عرش بھی یہ رخصت نہ ملی۔ *۵

اسی کتاب کے ایک فاضل تقریظ نگار نے اپنی تحریروں میں اس من گھڑت اور وضعی روایت کو بڑے اہتمام سے جگہ دی ہے۔ (ملاحظہ ہو: ۹۳)

ایک اور معتبر اہلِ قلم شخصیت نے علامہ یوسف بن اسماعیل نبہانی کے عربی اشعار نقل کرنے کے بعد اسی مضمون و مفہوم کا اعادہ کیا ہے۔ *۶

ایک بزرگ اور معروف تقریظ نگار نے اس جعلی اور موضوع روایت میں مزید اضافہ کرتے ہوئے لکھا ہے:

جنابِ الٰہی سے خطاب آیا کہ اے میرے حبیب ﷺ! آگے چلے آؤ۔ تب حضرت محمد ﷺ نے نعلین مبارک اُتارنی چاہی تو عرشِ مجید لرزہ میں آگیا۔۔۔الخ

مزید لکھتے ہیں:

پس معلوم ہوا کہ جب آپ نے نعلین مبارک سمیت عرش پر قدم رکھے تو عرش کو قرار آگیا اور وہ پُر سکون ہو گیا اور اس کی عظمت بلند ہوئی۔ *۷

امام محمد بن عبد الباقی زرقانی رحمۃ اللہ علیہ "شرح مواہب" میں لکھتے ہیں:

وقد سئل الامام القزوینی عن وطء النبی ﷺ العرش بنعله و قول الرب جل

جلالہ لقد شرف العرش بنعلہ یا محمد، ھل ثبت ام لا؟ فأجاب: اما حدیث وطء النبی ﷺ العرش بنعلہ، فلیس بصحیح ولا ثابت۔۔۔ الخ *۸

ترجمہ: اور جب امام رضی الدین قزوینی سے نبی علیہ الصلوٰۃ والسلام کے نعلین سمیت عرش پر خرام فرمانے اور اللہ تعالیٰ کے اس ارشاد: اے محمد! تحقیق عرش تیرے نعل سے شرف پائے" کے بارے میں پوچھا گیا کہ کیا یہ ثابت ہے یا نہیں؟ تو انھوں نے جواب دیا، جہاں تک حضور ﷺ کے نعلین سمیت عرش پر خرام فرمانے والی روایت کا تعلق ہے، تو یہ صحیح اور ثابت نہیں ہے۔

امام زرقانی لکھتے ہیں

بعض محدثین فرماتے ہیں:

جس شخص نے یہ روایت گھڑی ہے کہ آپ نعلین سمیت عرش پر چڑھے خدا اس کو غارت کرے کہ اس نے شدید بے حیائی کا مظاہرہ کیا ہے اور مؤذبین کے سردار اور عارفین کے پیشوا (ﷺ) کے بارے میں ایسی جسارت کی ہے اور فرمایا کہ امام رضی الدین القزوینی کا جواب درست ہے۔ بلاشبہ اسرا و معراج کا قصہ طوالت و اختصار کے ساتھ تقریباً چالیس صحابہ رضی اللہ تعالیٰ عنہ سے مروی ہے، لیکن اُن میں سے کسی ایک کی روایت میں بھی اس بات کا ذکر نہیں ہے کہ نبی علیہ الصلوٰۃ والسلام کے پاؤں میں اس رات نعل تھی، یہ تو صرف بعض جاہل قسم کے قصہ گویوں کی شاعری میں ملتا ہے اور ان لوگوں نے عرش کا تذکرہ نہیں کیا بلکہ یہ کہتے ہیں، آپ بساط پر آئے اور جوتے اُتارنے کا ارادہ فرمایا تو صدا دی گئی کہ آج جوتے مت اُتاریں اور یہ باطل ہے، کیوں کہ پوری چھان بین کے باوجود ایسی کوئی

روایت احادیث میں نہیں پائی گئی اور نہ ہی ایسا کسی حدیث صحیح حسن یا ضعیف میں وارد ہے کہ آپ سدرۃ المنتہیٰ سے آگے گئے ہوں۔ *۹

امام زرقانی کا تبصرہ

اس مقام پر امام زرقانی رحمۃ اللہ علیہ فرماتے ہیں:

مگر ان محدث کے اس دعوے میں یہ تامل ہے کہ حضور ﷺ کا سدرۃ المنتہیٰ سے آگے جانا کسی صحیح، حسن اور ضعیف روایت میں وارد نہیں ہوا جب کہ ابن ابی حاتم نے حضرت انس رضی اللہ تعالیٰ عنہ سے نقل کیا ہے:

انہ ﷺ لما انتہی الی سدرۃ المنتہی غشیۃ سحابۃ فیہا من کل لون، فتاخر جبریل۔

کہ آپ جب سدرۃ المنتہیٰ تک پہنچے تو ایک ہمہ رنگ بادل نے آپ کو ڈھانپ لیا پس جبریل پیچھے رہ گئے۔

اور قزوینی جس کے قول کی تصویب اس محدث نے کی ہے، وہ بھی اس روایت کے منقول ہونے کا اعتراف کرتے ہیں:

فانما ورد فی اخبار ضعیفۃ و منکرۃ۔ *۱۰

کہ یہ صرف ضعیف اور منکر روایات میں وارد ہوا ہے۔

علامہ عبد الحئ لکھنوی رحمۃ اللہ علیہ لکھتے ہیں:

ایسی ہی روایات میں سے وہ روایت ہے جو قصہ گو (واعظوں) میں مشہور ہے کہ نبی کریم ﷺ نے معراج کی رات نعلین سمیت سیر فرمائی، پھر جب آپ آسمان کی بلندیوں پر گئے اور عرشِ معلیٰ تک پہنچے تو آپ نے ادباً جوتے اُتارنا چاہے اور اللہ

تعالیٰ کا موسیٰ علیہ السلام سے یہ فرمانا بھی پیشِ نظر تھا کہ (اے موسیٰ! اپنے جوتے اُتار دو، بے شک تم وادیٔ مقدس طویٰ میں ہو) تو ملک الاعلیٰ کی بلند بارگاہ سے ندا دی گئی: اے محمد! اپنے جوتے نہ اتارو بعض شعرا اور قصیدہ خوانوں نے بھی اس قصے کو اپنی شاعری اور مجموعوں میں ذکر کیا ہے، یوں یہ قصہ ان کے خواص و عوام میں پھیل گیا۔ *۱۱

علامہ لکھنوی رحمۃ اللہ علیہ چند عربی اشعار نقل کرنے کے بعد لکھتے ہیں:

میں نے جب یہ قصہ بعض واعظین سے سنا تو دل ہی دل میں کہا کہ اس معاملے کا واقعہ ہونا مصطفی کریم ﷺ کی بلندیِ شان کے باوصف کچھ بعید نہیں، بے شک اللہ تعالیٰ نے آپ کو تمام جہانوں پر فضیلت عطا فرمائی ہے اور زمینوں اور آسمانوں کو آپ کے قدموں سے مشرف کیا ہے تو کچھ بعید نہیں کہ آپ کو نعل سمیت معراج کرائی ہو اور آپ سے فرمایا ہو، اپنے جوتے مت اُتارو لیکن (پھر خیال آتا) کہ جو چیز کسی ضعیف روایت تک سے ثابت نہیں ہے ہمیں اسے بیان کرنے کی جرأت نہیں کرنی چاہیے، یہاں تک کہ میں امام احمد المقری اور دیگر علما کی آرا پر مطلع ہوا اور میرا تردّد چھٹ گیا اور میرا تحیر جاتا رہا اور میں نے بر سرِ مجالس اعلان کیا کہ یہ قصہ موضوع، جعلی، من گھڑت اور اختلافی ہے۔

اعلیٰ حضرت محدث بریلوی رحمۃ اللہ علیہ سے بھی اس روایت کے بارے میں پوچھا گیا تھا۔ چناں چہ احکامِ شریعت میں ہے:

سوال: حضور اقدس ﷺ کا شبِ معراج عرشِ الٰہی پر نعلین مبارک سمیت تشریف لے جانا صحیح ہے یا نہیں؟

جواب: یہ محض جھوٹ اور موضوع ہے۔ واللہ اعلم* ۱۲

اسی تسلسل میں واقعۂ معراج سے متعلق چند دیگر موضوع روایات کی نشان دہی بھی مناسب معلوم ہوتی ہے جو قصہ گو قسم کے واعظین میں مشہور اور مقبول ہیں۔

مثلاً ایک بے اصل روایت وہ ہے جسے صاحبِ ''مواہب اللدنیہ'' نے درج ذیل الفاظ سے نقل کیا ہے:

قف یا محمد ان ربک یصلی۔* ۱۳

اے محمد ﷺ! ٹھہرو بے شک تمھارا رب درود بھیج رہا ہے۔

اس روایت کے بارے میں الشیخ الامام محمد درویش الحوت (تلمیذ علامہ ابن عابدین بن شامی) لکھتے ہیں:

حدیث: قف فان ربک یصلی وانہ قیل لہ ذلک لیلۃ الاسراء باطل۔* ۱۴

ترجمہ: حدیث: ٹھہرو بے شک تمھارا رب درود بھیج رہا ہے اور یہ کہ ایسا معراج کی رات نبی کریم ﷺ سے کہا گیا، باطل ہے۔

ایسے ہی معراج کے حوالے سے وہ روایت ہے جسے طبرانی نے سیّدنا عائشہ رضی اللہ عنہا سے نقل کیا ہے:

ترجمہ: آپ نے فرمایا: معراج کی رات جب میں نے آسمانوں کی سیر کی، تو میں جنت میں داخل ہوا پھر ایک ایسے جنتی درخت کے پاس ٹھہرا جس سے زیادہ خوب صورت درخت میں نے جنت میں نہیں دیکھا اور نہ ہی اُس سے زیادہ سفید، خوش بو دار اور نہ پھل کے لحاظ سے زیادہ پاکیزہ۔ چناں چہ میں نے اس کے پھلوں میں سے ایک پھل پکڑا اور کھالیا تو وہ میری صلب میں نطفہ بن گیا۔ پھر جب میں زمین پر اُترا

اور خدیجہ سے ملا تو وہ فاطمہ سے حاملہ ہو گئیں۔* ۱۵

امام قسطلانی رحمۃ اللہ علیہ اسے نقل کرنے کے بعد لکھتے ہیں:

اس میں یہ تصریح ہے کہ معراج سیّدہ فاطمہ رضی اللہ عنہا کی ولادت سے پہلے ہوئی، حالاں کہ ان کی ولادت اعلانِ نبوت سے تقریباً سات سال پہلے ہوئی اور بلاشبہ معراج کا واقعہ اعلانِ نبوت کے بعد کا ہے۔ (ایضاً)

شارح مواہب امام زرقانی رحمۃ اللہ علیہ لکھتے ہیں:

ترجمہ: قسطلانی رحمۃ اللہ علیہ کا یہ کہنا کہ یہ حدیث ضعیف ہے، اس سے مراد ضعیف کی سب سے بُری قسم ہے اور وہ موضوع ہے۔ پھر یقیناً ابن الجوزی، امام ذہبی اور حفاظ حدیث نے یہ صراحت کی ہے کہ یہ روایت موضوع ہے اور اگرچہ یہ عائشہ رضی اللہ عنہا سے متعدد طرق سے مروی ہے اور ابن جوزی نے اسے ابرادی کی سند سے ابن عباس رضی اللہ عنہ سے روایت کیا ہے اور وہ کذب، وضاع (حدیث گھڑنے والا) ہے اور حاکم نے مستدرک میں حضرت سعد بن ابی وقاص رضی اللہ عنہ سے روایت کیا ہے: امام ذہبی اپنی تلخیص میں کہتے ہیں، یہ صریح جھوٹ ہے اور یہ روایت مسلم بن عیسیٰ الصغاد کی گڑھی ہوئی ہے کیوں کہ فاطمہ رضی اللہ عنہا معراج تو کجا اعلانِ نبوت سے بھی پہلے پیدا ہوئی ہیں اور یہ اسی بات پر دلالت کرتا ہے کہ مصنف نے ضعیف سے مراد موضوع لیا ہے۔* ۱۶

اسی زمرے میں واعظین کی زبانوں پر جاری رہنے والی وہ روایت بھی ہے جسے "معارج النبوۃ" کے حوالے سے پڑھا، سُنا اور سُنایا جاتا ہے۔ اس روایت کا خلاصہ یوں ہے:

حضور اکرم ﷺ نے شبِ معراج براق پر سوار ہوتے وقت اللہ تعالیٰ سے وعدہ لے لیا ہے کہ روزِ قیامت جب کہ سب لوگ اپنی اپنی قبروں سے اٹھیں گے، ہر ایک مسلمان کی قبر پر اسی طرح ایک ایک براق بھیجوں گا، جیسا کہ آج آپ کے واسطے بھیجا گیا ہے۔

اعلیٰ حضرت مولانا احمد رضا بریلوی رحمۃ اللہ علیہ سے پوچھا گیا کہ:

سوال: یہ مضمون صحیح ہے یا نہیں اور کتاب ''معارج النبوۃ'' کیسی کتاب ہے، اس کے مصنف عالم اہلِ سُنّت اور معتبر محقق تھے یا نہیں؟

جواب: بے اصل ہے۔ ''معارج النبوۃ'' کے مؤلف سُنّی واعظ تھے، کتاب میں رطب و یابس سبھی کچھ ہے۔ واللہ اعلم۔ *۱۷

ماہرینِ حدیث اور ائمہ محدثین نے موضوع روایت کی شناخت اور پہچان کے لیے جو علامات اور اصول بیان کیے ہیں اُن کے مطابق یہ روایت ظاہر الوضع ہے یعنی کلامِ نبوی علیٰ صاحبہا الصلوٰۃ والسلام سے معمولی مناسبت اور تمسک رکھنے والا طالب علم بھی اس کے مضمون کی رکاکت، عدم فصاحت اور عقل و شرع سے تصادم کے باعث فوراً جان لے گا کہ یہ صاحبِ جوامع الکلم کا کلام نہیں ہو سکتا۔

معراج کے حوالے سے یہ بات بھی بے حد مشہور ہے کہ گلاب کا پھول اس رات آپ کے پسینہ مبارک سے پیدا ہوا اور اس کی خوش بو میں بھی یہی راز پوشیدہ ہے۔

ایک روایت کے الفاظ یوں نقل کیے گئے ہیں:

من اراد ان یشم رائحتی فلیشتم الورد الاحمر۔ *۱۸

ترجمہ: جو میری خوش بو کو سونگھنا چاہے وہ سرخ گلاب کو سونگھ لے۔

امام بدر الدین زرکشی نے ''اللآلی المنثورۃ'' میں امام سخاوی نے ''المقاصد الحسنہ'' میں اور شیخ محمد بن طاہر پٹنی وغیرہ نے ''تذکرۃ الموضوعات'' میں اسے جعلی، من گھڑت اور موضوع روایت قرار دیا ہے۔* ۱۹

واقعۂ معراج سے متعلق اس طرح کی بیش تر روایات مشہور ہیں جن کا تذکرہ اکثر واعظین کی تقریروں اور تحریروں میں ملتا ہے۔

ایسی روایات کے فروغ میں غیر مستند اور بے سروپا حکایات پر مشتمل لٹریچر اور کتب و رسائل کا بڑا ہاتھ ہے۔ اس سلسلے میں چند مشہور کتابوں کے نام لیے جاسکتے ہیں، مثلاً ''نزہۃ المجالس''، ''معارج النبوۃ'' وعظ بے نظیر بارہ تقریریں، صوفیائے کرام سے غلط طور پر منسوب تذکرے، ملفوظات کے مجموعے اور فضائلِ اعمال کے نام سے مختلف موضوعات پر شائع ہونے والی غیر علمی کتابیں اور حصولِ ثواب کے لیے مفت تقسیم کیے جانے والے کتابچے اس قسم کے مواد سے بھرے ہوتے ہیں۔

ہماری نعتیہ شاعری پر عربی اور فارسی شاعری کا بھی کسی حد تک گہرا اثر ہے۔ لہٰذا عربی اور فارسی اساتذہ فخر کے اشعار میں پائے جانے والے مضامین کو بھی خصوصی اہمیت حاصل رہی ہے۔ عربی اشعار میں اسی مضمون کا حوالہ اوپر (بحوالہ ''فتح المتعال'') گزر چکا ہے، فارسی میں بھی یہ مضمون بعض اکابر نے منظوم کیا ہے۔

نظامی گنجوی کا شعر دیکھئے:

سریر عرش را نعلین او تاج

امین وحی و صاحبِ سرِّ معراج

(بحوالہ: ''ارمغانِ نعت'' ص ۴۱)

آخر میں اردو کے معروف اور غیر معروف نعت گو شعرا کے اشعار بطورِ نمونہ پیشِ خدمت ہیں:

۱۔ نعلین پا سے عرشِ معلیٰ کو ہے شرف
روح الامیں ہیں غاشیہ بردار مصطفیٰ
(بیدم وارثی)

۲۔ حکم موسیٰ کو ہوا ''فاخلع'' مگر معراج میں
تاج فرق عرش ہے نعلین پائے مصطفیٰ
(وہبی لکھنوی)

۳۔ تیری نعلین کا وہ رُتبہ ہے اعلیٰ جس سے
عرش کے فرش کو حاصل شرف تاج ہے آج
(وحشی، سفینۂ نعت، حصہ ۲، ص ۲۲)

۴۔ عرش پہ نعلین سے جانے والے
شبِ معراج میں اللہ کو پانے والے
(حافظ)

۵۔ خود عرش نے بوسے لیے ایقان و ادب سے
کیسے ہو یہاں آپ کے نعلین کا عالم
(کلام لاکلام، ص ۵۰، شاہ انصار الہ آبادی)

۶۔ نقشِ نعل پاک سلطانِ اُمم

بدر بن کہ عرش کے اوپر کھلا

۷۔ اُن کے نعلین کا مقام فلک

اُن کے نعلین تک مری پرواز

(بشیر حسین ناظم)

۸۔ عرش اعلیٰ کا بھی اعزاز بڑھا ہے اُن سے

سلسلہ فیض کا ایسا ترے نعلین میں ہے

(غلام قطب الدین فریدی)

۹۔ سُن کے جس نام کو جھک جائے عقیدت کی جبیں

جس کی نعلین کہ اُتری نہ سرِ عرش بریں

(ادیب رائے پوری)

۱۰۔ کیا سراپائے پیمبر کا مقام

نعل تک معراج میں ہے مقتدر

حصہ دوم

عصرِ حاضر فروغِ نعت کے ساتھ ساتھ نعتیہ ادب میں تنقیدی رجحانات کے بھی کئی دَر وا کرتا چلا جارہا ہے اور یقیناً وابستگانِ نعت کے لیے یہ سلسلۂ نقد و نظر باعثِ تقویت و طمانیت ہے۔

نعت اردو ادب کی ایک مقدس صنفِ سخن ہے اور دوسری مذہبی شاعری کی طرح اس کا منبع و مصدر بھی قرآن و سُنّت ہی ہیں۔ نعتیہ شاعری کے بیش تر مضامین قرآنی آیات اور احادیثِ مبارکہ سے مستفاد و ماخوذ ہوتے ہیں۔ وہ معدودے چند نعت گو شعرا جنھیں علومِ شرعیہ پر کامل عبور تھا، انھوں نے اپنے کمالِ علم و تقویٰ کی برکت سے نعت کی شمشیرِ آب دار پر مکمل حزم واحتیاط سے قدم رکھا اور وادیِ عشق کو عافیت و سلامتی کے ساتھ پار کرنے میں کامیاب رہے۔

قرآن پاک کے بعد علومِ شرعیہ کا سب سے بڑا اور بنیادی ماخذ حدیث شریف ہے اور دیگر اہلِ علم کی طرح علمی ذوق کے حامل نعت گو شعرا نے بھی اس ماخذ سے استفادہ کیا ہے۔ چناں چہ اردو نعتیہ شاعری میں اَن گنت اشعار ایسے ملتے ہیں جن کے مضامین یا تو مشتمل بر احادیث ہیں یا کسی حدیث کے مضمون سے مستفاد ہیں۔ جب کہ کئی اشعار میں بلفظہ کسی حدیث کو منظوم کیا گیا ہے۔ اس وقت مرزا رفیع سودؔا

کا ایک مشہور شعر یاد آرہا ہے:

حدیث من رانی دال ہے اس گفتگو اوپر
کہ دیکھا جس نے اُن کو اُن نے دیکھی شکلِ یزدانی

البتہ یہاں پر یہ بات بھی لائقِ اعادہ ہے کہ شاعر کا خیال متنِ حدیث سے متعارض ہے۔ یہ حدیث پاک جسے امام ابو عیسیٰ الترمذی علیہ الرحمہ نے "شمائلِ ترمذی" میں روایت کیا ہے، کچھ یوں ہے:

من رانی فی المنام فقد رأ الحق

ترجمہ: جس نے مجھے خواب میں دیکھا اُس نے حقیقت میں (مجھے ہی) دیکھا۔

حضرتِ رضا بریلوی علیہ الرحمہ نے بھی اس حدیث سے استفادہ کرتے ہوئے بڑی احتیاط سے کہا ہے کھُلے کیا راز محبوب و محب مستانِ غفلت پر

شرابِ قدرا الحق زیبِ جامِ من رانی ہے

ایک مشہور حدیث کے متن کو فاضل بریلوی نے یوں منظوم کیا ہے

من زار تربتی وجبت لہٗ شفاعتی
ان پر دُرود جن سے نوید اُن بشر کی ہے

اکثر کتبِ سیر میں یہ روایت بایں الفاظ ملتی ہے۔

مَن زَارَ قَبرِی وَجَبتْ لَہٗ شَفَاعَتِی

امام تقی الدین سبکی علیہ الرحمہ نے "شفاء السقام" میں اور امام ابنِ حجر مکی رحمۃ اللہ علیہ نے "الجوہرا لمنظم" میں اسے نقل کیا ہے۔ ہمارے معاصر عرب فاضل شیخ حمود سعید الممدوح (دبئ) نے اپنی کتاب "رفع المنارہ فی تکریخ احادیث التوسل و

الزیارۃ'' میں اس حدیث کی سند پر معترضین کو محققانہ جوابات دیے ہیں۔ محدث بریلوی علیہ الرحمہ کا ایک مشہور شعر ہے۔

رب ہے معطی یہ ہیں قاسم
دیتا وہ ہے دلاتے یہ ہیں

یہ مضمون صحیح بخاری (کتاب العلم) میں حضرت امیر معاویہ رضی اللہ عنہ سے مروی حدیث شریف سے لیا گیا ہے جس کے الفاظ درجِ ذیل ہیں:

اِنمَا اَنَا قَاسِمُ واللہ یُعطی

ترجمہ: اور اللہ عطا کرنے والا ہے جب کہ میں تقسیم کرنے والا ہوں۔

اس حدیث پاک پر مبنی راقم السطور کا ایک شعر بھی دیکھیے:

سنتا ہے فریاد خدا ہی، دیتا ہے شہزاد خدا ہی
کرتے ہیں تقسیم محمد صلی اللہ علیہ وسلم

حضرت حفیظ تائب مرحوم کو بھی مضامینِ قرآن و احادیث نعتیہ اشعار میں منظوم کرنے میں خاص ملکہ حاصل تھا، چناں چہ وہ لکھتے ہیں۔

سجھا کہ نکتۂ خیر الامور اوسطھا
مجھے توازنِ فکر و نظر دیا تُو نے

اردو ادب کے نعتیہ ذخائر میں جہاں صحیح احادیث پر مبنی مضامین بکثرت ملتے ہیں وہاں سیکڑوں نعتیہ اشعار ایسے بھی ہیں جن کی بنیاد کسی شدید ضعیف یا ساقط الاعتبار موضوع (من گھڑت) روایت پر ہے۔ اور موضوع یعنی وضعی و جعلی روایت عند المحدثین صرف اور صرف اِس صورت میں بیان کرنا جائز اور حلال ہے جب کہ

اس کی وضعیت کو ظاہر کرنا مقصود ہو کیوں کہ کسی قول یا فرمان کو بلا تحقیق رسول اللہ صلی اللہ علیہ وسلم کی طرف منسوب کرنا بہت بڑی جسارت ہے۔ جب کہ عمداً کسی ایسی بات کو جو آپ صلی اللہ علیہ وسلم نے نہ فرمائی ہو، آپ کی ذاتِ گرامی سے منسوب کرنا اکبر الکبائر ہے۔

ارشادِ نبوی صلی اللہ علیہ وسلم ہے:

من کذب علی متعمداًفلیتبوأمقعدہُ من النار

ترجمہ: جس نے قصداً مجھ پر جھوٹ باندھا اُس نے اپنا ٹھکانہ جہنم میں بنا لیا۔ (متفق علیہ)

ایک دوسرے مقام پر فرمایا:

من قال عنی مالم اقل۔۔۔ جس نے میری طرف سے وہ بیان کیا جو مَیں نے نہیں کہا تو اُس نے اپنا ٹھکانہ جہنم میں بنالیا۔

آج کل تقریر و تحریر میں اس بے احتیاطی کی بھرمار ہے۔ واعظین اور قصّہ گو قسم کے مقررین کا یہ عام وطیرہ ہے کہ وہ بغیر علم کے احادیث بیان کر رہے ہوتے ہیں۔ محافلِ میلاد میں اسٹیج سیکریٹری اور نقیب قسم کے لوگ تو اس قسم کے خرافات پر چل رہے ہیں۔

حالاں کہ رسول اللہ صلی اللہ علیہ وسلم نے ارشاد فرمایا:

کفی بالمرء کذباًان یحدث بکل ماسمع۔۔۔

ترجمہ: کسی شخص کے جھوٹا ہونے کے لیے اتنا ہی کافی ہے کہ وہ ہر سُنی سُنائی بات آگے بیان کر دے۔ ایک روایت میں "کفیٰ بالمرئ اثماً" کے الفاظ بھی آئے

ہیں۔

افراطِ تجاہل کی موجودہ فضامیں ہم ائمہ محدثین کی رہنمائی میں ایسی روایات کی نشان دہی کا فریضہ سرانجام دیناوقت کی اہم ضرورت سمجھتے ہیں، جو نبی کریم ﷺ کے ارشادات نہیں ہیں اور انھیں احادیث کہہ کر سُنا سُنایا اور لکھاپڑھا جاتا ہے۔ ان موضوع روایت میں سے ایک مشہور قول ہے۔

''الفقر فخری وبہ افتخر''(ترجمہ) فقر میرا فخر ہے اور مَیں اس کے ساتھ متفخر ہوں۔ اس قول کی شہرت اور مقبولیت کا یہ عالم ہے کہ اچھے اچھے اہلِ علم اپنی تصنیفات و مقالات میں اسے نقل کر کے اس سے استشہاد کرتے ہیں۔ اور نعت گو شعرا اپنے کلام میں اس مضمون کو منظوم کرتے ہیں۔

علامہ اقبالؒ کا معروف مصرع ہے۔

''سماں الفقر فخری'' کا رہاشانِ امارت میں

ایک اور معاصر نعت گو شاعر لکھتے ہیں ؎ ہیں اُمّت اس کی ہم ''الفقر فخری'' جس نے فرمایا

اُترتے کیوں نہیں پھر حشمت و نخوت کے مرکب سے

سلسلۂ سہروردیہ کے ایک فاضل صوفی بزرگ نے تصوف اور اہلِ تصوف کے دفاع میں ایک کتاب تالیف فرمائی جس کا عنوان ہی ''الفقر فخری'' ہے۔ یہ کتاب متعدد بار شائع ہوچکی ہے اس کے اندرونی ٹائٹل پیج پر ایک شعر یوں درج ہے۔

کروں مال وزر کی مَیں کیوں ہوس مجھے اپنے فقر پہ فخر بس

یہی حرزِ جانِ فقیر ہے، یہی ''قولِ شاہِ حجاز'' ہے

الغرض اس موضوع اور باطل روایت کو ایسے ایسے بزرگوں نے "قولِ شاہِ حجاز" ہی سمجھا اور تحریر و تقریر میں اسے بالالتزام جگہ دی۔ آیئے ائمہ محدثین اور ماہرینِ اصولِ حدیث کے اقوال و آرا کی روشنی میں اس قول کا تنقیدی جائزہ لیں۔

حضرت امام حجر عسقلانی رحمۃ اللہ علیہ کہتے ہیں:

الفقر فخری وبہ افتخر وہذا الحدیث سئل عند الحافظ ابن تیمیہ، فقال انہ کذب لایعرف فی شی کتب المسلمین المرویۃ وجزم الاصفہانی بانہُ موضوع۔ (تلخیص الجبیر ۳/۱۰۹)

ترجمہ: اس حدیث "الفقر فخری" کے بارے میں ابن تیمیہ سے پوچھا گیا تو انھوں نے کہا یہ جھوٹ ہے، مسلمانوں کے ذخیرۂ مرویات میں اس قسم کی کوئی چیز نہیں پائی گئی اور امام اصفہانی نے بھی اس کے موضوع (جعلی) ہونے کی تائید کی ہے۔

امام عسقلانی نے حضور علیہ الصلوٰۃ و السلام سے مروی ایک اور معروف روایت یہاں نقل کر کے وضاحت کی ہے کہ حضور علیہ السلام کی طرف منسوب "فقر و مسکنت" کی حقیقت کیا ہے؟

حضرت انس بن مالک رضی اللہ عنہ سے مروی ہے۔

"رسول اللہ صلی اللہ علیہ وسلم نے ارشاد فرمایا:

اللّٰھم احینی مسکیناً و امتنی مسکیناً واحشرنی فی زمرۃ المساکین

ترجمہ: اے اللہ مجھے مسکین ہی زندہ رکھ، مسکنت میں موت دے اور مساکین کے ساتھ میرا حشر فرما۔

اس روایت کو امام ترمذی نے غریب کہا اور اس کی سند میں ضعف ہے۔ ابن ماجہ، حاکم اور بیہقی نے اسے الگ الگ طریق سے روایت کیا۔ و قال البیہقی و وجھہ عندی انہ لم یسئل حال المسکنۃ التی یرجع معنا الی القلۃ وانما سال المسکنۃ التی یرجع معنا الی الاخبات والتواضع۔ (تلخیص الجبیر: ۳/ ۱۰۹۔ سنن الکبریٰ بیہقی ۱۰ / ۹۸)

ترجمہ: امام بیہقی کہتے ہیں میرے نزدیک اس کی صورت یہ ہے کہ رسول ﷺ نے یہاں اس مسکنت کا سوال نہیں کیا جس کا معنی قلت لیا جاتا ہے، بلکہ آپ نے اس مسکنت کا سوال کیا ہے جس کا معنی انکسار اور عاجزی لیا جاتا ہے۔

ایک اور قابلِ غور امر یہ ہے کہ صحیح احادیث میں حضور ﷺ کا فقر سے استعاذ اور پناہ مانگنا ثابت ہے اور آپ نے صحابہ کرامؓ کو بھی اس کی تعلیم فرمائی ہے۔

چناں چہ صحیحین میں فقر سے استعاذ کے الفاظ یوں مروی ہیں:

اللھم اعوذ بک من فتنۃ الفقر

ترجمہ: اے اللہ میں فقر کے فتنے سے تیری پناہ مانگتا ہوں۔ (بخاری الدعواۃ، رقم ۵۸۹۱ مسلم فی الذکر والدعا رقم ۴۸۷۷)

سنن ابی داؤد میں عبد الرحمن بن ابی بکر کی روایت میں دعائیہ کلمات یوں ہیں:

اللّٰھم انی اعوذ بک من الکفر والفقر (ابو داؤد... ۴/ ۳۲۴ رقم ۵۰۹۰)

ترجمہ: اے اللہ میں کفر و فقر سے تیری پناہ مانگتا ہوں۔

یہاں کفر کے ساتھ فقر کا تذکرہ لائقِ عبرت بھی ہے اور محل تنبیہ بھی۔

صحیح ابن حبان میں حضرت ابو سعید خدری ص کی روایت ہے:

فقال رجل ویعتدلان؟ قال نعم۔ (الاحسان ۳/ رقم ۱۰۲۶)

ترجمہ: ایک شخص نے پوچھا کیا یہ دونوں برابر ہیں؟ آپ نے فرمایا، ہاں۔

مسند احمد اور صحیح ابن حبان میں حضرت ابوہریرہ ص سے مروی ہے۔

تعوذو باللہ من الفقر۔(احمد رقم/۸۰۷۳۰ ابنِ حبان، ۱/۲۳۹: رقم ۹۷۹)

ترجمہ: فقر سے اللہ کی پناہ مانگو۔

سننِ نسائی میں ہے:

نعوذو من الفقر و الفاقۃ۔

ترجمہ: فقر و فاقہ سے اللہ کی پناہ مانگو۔(نسائی: ۵۴۷۵)

الغرض احادیثِ صیحہ میں فقر سے پناہ و نجات اور برأت کے مضامین کثرت سے ملتے ہیں۔ یہاں ایک اور بات کو ملحوظ رکھنا بھی ضروری ہے کہ حضور صلی اللہ علیہ وسلم نے اپنے لیے موجود، مذکور اور منصوص فضائل کا اظہار بھی فخر سے نہیں فرمایا، ہر جگہ "ولا فخرً ولا فخر" کی تکرار سے اپنے رب کی بارگاہ میں اظہارِ عبودیت اور تواضع فرمایا ہے۔

امام شمس الدین السخاوی رحمۃ اللہ علیہ رقم طراز ہیں:

"الفقر فخری وبہ افتخر۔۔۔ باطل الموضوع"(مختصر المقاصد الحسنہ: رقم ۲۹۲)

ترجمہ: الفقر فخری۔۔۔ الخ باطل اور گھڑی ہوئی روایت ہے۔

ملّا علی قاری علیہ الرحمۃ لکھتے ہیں:

الفقر فخری وبہ افتخر۔۔۔ قال العسقلانی ھو باطل الموضوع۔ و قال ابن تیمیہ ھو کذب۔

ترجمہ: فقر میرا فخر ہے۔۔۔ الخ عسقلانی نے اسے باطل اور موضوع کہتا ہے

اور ابن تیمیہ کہتے ہیں کہ یہ کذب ہے۔(موضوعاتِ کبیر، حرف فاء: ص:۵۰)

شیخ محمد بن طاہر پٹنی رحمہ اللہ لکھتے ہیں:

الفقر فخری وبہ افتخر۔۔۔ قال شیخنا ھو باطل موضوع۔(تذکرۃ الموضوعات: ص:۱۷۸)

ترجمہ: الفقر فخری۔۔۔ ہمارے شیخ نے اسے باطل و موضوع کہا ہے۔

مزید لکھتے ہیں اسے الصفانی نے بھی موضوع کہا ہے:

شیخ العجلونی اس قول کو نقل کرنے کے بعد کہتے ہیں:

قال الحافظ ابن الحجر باطل موضوع و قال فی التمییز کا المقاصد و من الواھی فی الفقر ماللطبرانی عن شداد ابن اوس رفعہ "الفقر ازین بالمؤمن من العزارِ الحسن علیٰ خدا الفرش" و قال ابن تیمیہ کذب و سندہُ ضعیف و المعروف انہُ من کلام عبد الرحمن ابن زیاد ابن انعمہ کمارواہُ ابن عدی فی کاملہ۔

(کشف الخفاء، رقم:۱۸۳۵)

ترجمہ: حافظ ابن حجر نے اسے باطل و موضوع کہا ہے۔ تمییز میں مقاصد الحسنہ ہی کی طرح (صاحب تمییز) نے کہا کہ فقر کے بارے میں روایتِ واہیہ میں سے ایک روایت ہے جسے طبرانی نے شداد بن اوس سے مرفوعاً روایت کیا ہے کہ فقر مومن کے لیے گھوڑے کے رخسار پر خوبصورت نشان سے بھی زیادہ موزوں ہے۔ ابنِ تیمیہ نے اسے کذب کہا ہے اور اس کی سند ضعیف ہے۔ جب کہ مشہور یہ ہے کہ یہ عبد الرحمن بن زیاد بن انعم کا قول ہے۔ جیسا کہ ابنِ عدی نے اسے اپنی کامل میں روایت کیا ہے۔

شارح بخاری امام احمد القسطلانی رحمۃ اللہ علیہ لکھتے ہیں:

واما مایروی انہ صلی اللہ علی وسلم قال ''الفقر فخری وبہٖ اُفتخر'' فقال شیخ الاسلام والحافظ ابنِ حجر ھو باطل وموضوع۔ (المواہب اللدنیہ ۲ / ۱۶۲)

ترجمہ: اور یہ جو روایت کیا جاتا ہے کہ آپ نے فرمایا، الفقر فخری۔۔۔ الخ۔۔۔ کو شیخ الاسلام ابنِ تیمیہ اور حافظ ابنِ حجر نے اسے باطل وموضوع کہا ہے۔

تائید مزید کے لیے اعلیٰ حضرت محدث بریلوی قدس سرہ کی تحقیق بھی ملاحظہ فرمایئے

حضورِ اقدس، قاسم نعم، مالک الارض، ورقابِ امم، معطیِ منعم، قثم قیم، ولی والی، علی عالی، کاشف الکرب، رافع الرتب، معینِ کافی، حفیظ وافی، شفیعِ شافی، عفو عافی، غفورِ جمیل، عزیز جمیل، وہاب کریم، غنیِ عظیم، خلیفۂ مطلق حضرتِ رب، مالک النّاس ودیّانِ عرب، ولی الفضل، جلی الافضال، رفیع المثل ممتنع الامثال صلی اللہ علیہ وسلم کی شانِ ارفع واعلیٰ میں الفاظِ مذکورہ (یتیم، غریب، مسکین، بے چارہ) کا اطلاق ناجائز وحرام ہے۔

خزانۃ الاکمل مقدسی وردالمحتار اواخر شتی میں ہے:

ویجب ذکرہ صلی اللہ علیہ وسلم باسماء المعظمۃ فلا یجوز ان یقال انہٗ فقیر، غریب، مسکین۔ ترجمہ: حضور ﷺ کا ذکر عزت وتکریم والے ناموں سے کرنا واجب ہے اور اس طرح کہنا جائز نہیں کہ آپ فقیر، غریب اور مسکین تھے۔

نسیم الریاض جلد رابع صفحہ ۴۵۰ میں ہے:

الانبیاء علیہم الصّلوٰۃ والسلام لایوصفون بالفقر ولا یجوز ان یقال نبینا صلّی اللہ علیہ

وسلم فقیر" وقولہٗ عند "الفقر فخری" لا اَصل لہٗ کما تقدم۔

ترجمہ: انبیائے کرام علیہم السلام کو فقر سے موصوف نہ کیا جائے اور یہ جائز نہیں کہ ہمارے آقا نبی کریم ﷺ کو فقیر کہا جائے۔ رہا لوگوں کا "الفقر فخری" کو آپ سے مروی کہنا تو اس کی کوئی اصل نہیں۔ جیسا کہ پہلے بیان ہوا ہے۔ اسی کے ۳۷۸ میں ہے:

قال الذرکشی کالسبکی لا یجوز ان یقال لہٗ صلّی اللہ علیہ وسلم فقیر اور مسکین وھو اَغنی النّاس باللہ تعالیٰ لاسیما بعد قولہ تعالیٰ "ووجدکَ عائلاً فاغنیٰ"۔ وقولہٗ صلّی اللہ تعالیٰ علیہ وسلم "اَللّٰھمّ اَحینی مسکیناً" اراد بہٖ المسکنۃ القلبیۃ بالخشوع والفقر فخری" باطل لا اصل لہ... کما قال الحافظ ابنِ حجر عسقلانی۔

ترجمہ: امام بدر الدین زرکشی نے امام سبکی کی طرح کہا ہے کہ یہ جائز نہیں کہ آپ کو فقیر یا مسکین کہا جائے اور آپ اللہ کے فضل سے لوگوں میں سب سے بڑھ کر غنی ہیں۔ خصوصاً اللہ تعالیٰ کے ارشاد "ہم نے آپ کو حاجت مند پایا سو غنی کر دیا" کے نزول کے بعد۔ رہا آپ کا یہ فرمان کہ اے اللہ مجھے مسکین زندہ رکھ۔۔۔ الخ تو اس سے مراد باطنی مسکنت کا خشوع کے ساتھ طلب کرنا ہے اور الفقر فخری باطل ہے۔ اس کی کوئی اصل نہیں جیسا کہ حافظ ابنِ حجر عسقلانی نے فرمایا ہے۔

(الفتاویٰ الرضویہ: جلد ششم، ص:۱۲۶ مطبوعہ کراچی)

امام احمد رضا بریلوی رحمہ اللہ نے "کتاب الشفا" قاضی عیاض کے حوالے سے یہ صراحت کی ہے کہ سرورِ عالم ﷺ کی ذاتِ والا صفات کے لیے نازیبا اور غیر موزوں اسماو صفات کا استعمال حکایتاً بھی ناجائز و ممنوع ہے۔ اسی طرح بارگاہِ رسالت

میں گستاخی و بے ادبی اگرچہ سہواً یا جہالت و لاعلمی کے باعث ہی ہو لائقِ گرفت اور ناقابلِ معافی جرم ہے۔

آخر میں کچھ معروف اور بزرگ نعت گو شعرا کے اسمائے گرامی کی فہرست اور اشعار ملاحظہ فرمایئے جنھوں نے ''الفقر فخری'' کو بطورِ حدیث نظم کیا ہے۔

۱۔ حفیظ جالندھری

اگرچہ ''فقر فخری'' رتبہ ہے تیری قناعت کا
مگر قدموں تلے ہے فقرِ کسرائی و فاقانی

۲۔ مرتضیٰ احمد خان میکشؔ

کروں مال و زر کی میں کیوں ہوس مجھے اپنے فقر پہ فخر بس
یہی حرزِ جانِ فقیر ہے یہی ''قولِ شاہِ حجاز'' ہے

۳۔ بہادر شاہ ظفرؔ

جس کو حضرت نے کہا ''الفقر فخری'' اے ظفرؔ
فخرِ دیں، فخرِ جہاں پر وہ فقیری ختم ہے

۴۔ ماہرؔ القادری

سلام اس پر کہ تھا ''الفقر فخری'' جس کا سرمایہ

سلام اس پر کہ جس کے جسمِ اطہر کا نہ تھا سایہ

۵۔ حافظ مظہر الدین

سبق ہے یاد مجھ کو آج بھی "الفقر فخری" کا

بحمد للہ ہے میری خوئے درویشانہ برسوں سے

۶۔ محمد یار فریدی

فخر می دارد بفقرش مصطفی

فقر را برہان مولانا فرید

۷۔ ضامن حسنی

"فقر فخری" سے ہم آہنگ تھی شاہی جس کی

ایسا مولا کوئی دیکھا ہے بتا چرخِ کبود

۸۔ سید فیضی

"الفقر فخری" جن کے لیے وجہِ ناز ہو

کیا اُن کے پاس رہتا ہے جود و سخا کے بعد

۹۔ بے چین رجپوری

ازروئے ''الفقر فخری'' تھا سدا زہد و قنوع
پانی پینے کو رکھا جامِ سفالی آپ نے

۱۰۔ انیسہ ہارونؔ
ارشادِ ''فقر فخری'' سے
سرمایہ ٹھکرانے والے

ایضاً
مژدۂ ''فقر فخری'' سُنایا
حوصلہ مفلسوں کا بڑھایا

۱۱۔ حسن اختر جلیل
ہے اُس کا تاجِ سر ''الفقر فخری''
قناعت اس کے پیروں کی حنا ہے

۱۲۔ حافظ لدھیانوی
ہے فخر تجھے فقر پہ اے شاہِ دوعالم
اے ختمِ رُسل، ہادیِ دیں، خلقِ مجسم

۱۳۔ ایس اے رحمن

تجھے فخر تھا فقر پر سروری میں
مجھے بھی عطا ہو وہ دل کی امیری

۱۴۔ حفیظ الرحمن احسن

عجز کی شان "الفقر فخری" صفت رشکِ فغفور جاہ و حشم آپ کا
عظمتیں سرنگوں آپ کے سامنے نصب ہے رفعتوں پر علم آپ کا

۱۵۔ اسرار احمد مہاروی

اگرچہ فقر پہ اندازِ فخر حاوی ہے
تمہارا نقشِ قدم سجدہ گاہِ شاہاں ہے
(یہ شعر ماہ نامہ "نعت" ص۵۶، فروری ۱۹۹۴ء میں شائع ہوا)

ہمارے خیال میں اس شعر کا مصرع اولیٰ یوں ہونا چاہیے:

اگرچہ فخر پہ اندازِ فقر حاوی ہے

۱۶۔ سید امین گیلانی

تجھ سے سُنا جب تیرے غلاموں نے "الفقر فخری"
تخت انھوں نے روندے ہیرے رولے تاج اچھالے

۱۷۔ رفیع الدین ذکی قریشی

ہیں اُمت اس کی ہم "الفقر فخری" جس نے فرمایا
اُترتے کیوں نہیں پھر حشمت و نخوت کے مرکب سے

۱۸۔ ڈاکٹر سلطان الطاف علی

فقر ہے فخر محمد فقر ہے نورِ خدا
فقر کی تسخیر میں لوح و قلم ارض و سما

۱۹۔ جعفر بلوچ

مَیں ہوں فقر پرور پیمبر کی اُمت میں جعفرؔ
مری جاں، مرا دین وایماں ہے "الفقر فخری"
(شاعر نے اس نعت میں "الفقر فخری" کو بطورِ ردیف استعمال کیا ہے)

۲۰۔ بشیر حسین ناظم

وہ ایسے قائلِ "العجز فقری" ہیں کہ عالم کی
غنا و سر فرازی ان کے کفشِ پاپہ قرباں ہے
("العجز فخری" کے الفاظ کتاب الشفا میں قاضی عیاض مالکی رحمۃ اللہ علیہ نے ایک طویل روایت بیان کرتے ہوئے نقل کیے ہیں)

۲۱۔ راجا رشید محمود

ملا ہے درسِ محمد سے "فقر فخری" کا
کمالِ فقر میں مضمر ہے قیصری اپنی

٭ ٭ ٭

حوالہ جات

*۱۔ (سورۂ طٰہٰ:۱۲)

*۲۔ الاثار المرفوعہ فی الاخبار الموضوعہ، ص ۳۳

*۳۔ الاثار المرفوعہ، ص ۳۳، طبع ادارہ احیاء السنہ

*۴۔ فضائلِ نعلینِ حضور (مترجم) ص ۳۶۲

*۵۔ مقدمہ: فضائلِ نعلینِ حضور (مترجم) بار سوم، ص ۴۴۔۴۵

*۶۔ مقدمہ: فضائلِ نعلینِ حضور (مترجم) بار سوم، ص ۹۸۔۹۹

*۷۔ کتاب مذکور، ص ۱۰۲

*۸۔ زرقانی علی المواہب، ۳۲۳/۸

*۹۔ ایضاً

*۱۰۔ ایضاً، ص ۲۲۳/۸

*۱۱۔ غایۃ المقال، ص ۲۷، مجموعۃ الرسائل، ص ۲۲۸

*۱۲۔ احکامِ شریعت، ص ۱۶۶، مطبوعہ شبیر برادرز، لاہور

*۱۳۔ مواہب اللدنیہ، ۳۸۲/۲، طبع بیروت

*۱۴۔ اسنی المطالب فی احادیث مختلفۃ المراتب، ص ۲۲۲

*۱۵۔ المواہب اللدنیہ، ص ۳۸۱/۲، مطبوعہ بیروت، لبنان

*۱۶۔ زرقانی علی المواہب، ص ۱۹۳/۸، مطبوعہ مکۃ المکرمہ

*۱۷۔ احکامِ شریعت، ص ۱۶۵

۱۸*۔ اللآلی المنثورۃ، ص۱۴۷

۱۹*۔ مختصر المقاصد الحسنہ، ص۹۱، اللآلی المنثورۃ، ص۱۴۷

تذکرۃ الموضوعات، ص۱۶۱، المصنوع لمعرفۃ الحدیث الموضوع، (۲۰۳ مطبوعہ حلب)

ماخذ و مراجع

۱۔ الآثار المرفوعہ فی الاخبار الموضوعہ، عبد الحیٔ لکھنوی، مولانا: مطبوعہ ادارہ احیاء السنہ، گوجرانوالہ

۲۔ فضائلِ نعلینِ حضور ﷺ (مترجم)، امام المقری التلمسلمانی، طبع لاہور، ۲۰۰۰ء

۳۔ شرح زرقانی علی المواہب، الامام، محمد بن عبد الباقی، طبع مکۃ المکرمہ، ۱۹۹۶ء

۴۔ غایۃ المقال (مجموعۃ الرسائل) عبد الحیٔ لکھنوی، مولانا، طبع ادارۃ القرآن، کراچی

۵۔ احکام شریعت، احمد رضا خان، امام، شبیر برادرز، لاہور

۶۔ المواہب اللدنیہ بالمنح المحمدیہ، احمد قسطلانی، امام، طبع بیروت

۷۔ الآلی المنثورۃ فی الاحادیث المشتہرۃ، امام بدر الدین زرکشی، طبع اولیٰ، بیروت

***